AF468417

MANUEL

DES

ASSOCIATIONS OUVRIÈRES

PAR

Un délégué au Luxembourg.

Prix : 15 centimes.

PARIS
CHEZ MICHEL, ÉDITEUR
rue Sainte-Marguerite, 21
Et chez tous les Marchands de nouveautés

1850.

MANUEL

DES

ASSOCIATIONS OUVRIÈRES

PAR

Un délégué au Luxembourg.

PARIS
CHEZ MICHEL, ÉDITEUR
rue Sainte-Marguerite, 21
Et chez tous les Marchands de nouveautés

1850.

1849

Imp. de Gustave GRATIOT, 11, rue de la Monnaie.

INTRODUCTION.

Une révolution politique a ramené en France la forme républicaine. Nous avons conquis le droit d'organiser des associations entre travailleurs. Efforçons-nous de faire produire à ce droit toutes ses conséquences et nous aurons atteint l'affranchissement complet du prolétaire.

Mais la formation de sociétés ouvrières rencontre des difficultés nombreuses ; ces notes sont destinées à détruire les plus fortes.

Nous chercherons à indiquer les causes de ces difficultés; il sera ensuite plus facile de les aborder de front.

De 1789 à 1794, le principe de liberté a été développé d'une manière éclatante par la révolution française. De ce moment les classes laborieuses ont cherché l'indépendance dans la propriété et dans l'individualisme. De ce moment tout travailleur chercha les moyens de s'établir à son compte, d'être son maître, et d'avoir un magasin, une boutique, un atelier, un champ, un cheval, une propriété quelconque.

Pour réaliser cet ardent désir d'indépendance rien ne rebuta la petite bourgeoisie : patience à toute épreuve, humiliations temporaires, lutte acharnée par la concurrence avec ses confrères. Il faut le dire, aussi, à la honte de nos institutions, les hommes ne reculèrent pas devant la honte de vendre leurs croyances politiques, et à force d'abaissement, de corruption, ils amenèrent le dégoût et la colère du peuple qui deux fois, en 1830 et en 1848, crut balayer les systèmes d'abaissement et de corruption. Tant il est vrai qu'un principe bon en lui doit être complété pour porter ses fruits, tant il est vrai que l'esprit d'indépendance sans l'esprit de dignité et de fraternité ne conduit qu'à l'individualisme et par suite à la décomposition sociale.

Aussi, jusqu'au 24 février 1848, un petit nombre d'associations ouvrières s'étaient formées. Bien peu, pour ne pas dire aucune, ne vint à réussite. Tous les travailleurs cherchaient à s'établir isolément, et il ne faut pas se dissimuler que maintenant encore une si vieille habitude a laissé des traces dans l'esprit des ouvriers.

Les associations peuvent donc dégénérer en concurrences acharnées entre travailleurs. Si ce résultat se présente, la démocratie sera retardée dans son avénement, et nous ne craignons pas d'affirmer que les hommes du privilége comptent par là arrêter tous les progrès que nous étions en droit d'attendre après février.

Cet ardent désir d'indépendance, en poussant ainsi la bourgeoisie à sacrifier tout à la fortune, a produit, il faut le reconnaître, de grands résultats pour l'abolissement des priviléges de la naissance.

Mais, en définitive, il est résulté de là un système de concurrence acharnée, d'agiotage, qui, poussant dans certains moments jusqu'à la frénésie la production, engendrent par contre-coup l'encombrement et par suite le hideux chômage.

De là encore les abus de l'usure et de la rente du capital, l'incertitude de la vie pour un grand nombre de travailleurs, et, enfin, ces crises perpétuelles qui parcourent le monde et qui sont les causes les plus vivaces des révolutions.

Nous devons avoir pour but de fermer la marche de ces perturbations sociales. C'est un devoir pour tous de concourir à cette œuvre.

Pour nous, travailleurs, si nous devons chercher l'indépendance, nous devons aussi pousser à la fraternité. Nous n'avons pas des droits seulement, nous avons aussi des devoirs, et, certes, ne le dissimulons point, il y a plus de devoirs en association qu'il n'y a de droits.

Mais nous devons nous hâter d'ajouter que pour les âmes d'élite il n'existe pas de bonheur comparable à celui d'accomplir ses devoirs et d'avoir la conscience pure.

Nous sommes tellement identifiés à Louis Blanc, nous tous, prolétaires délégués du Luxembourg, que sa chaleureuse parole, que son abnégation a initiés au monde nouveau, que quand il s'agit d'association, il nous semble que nous traduisons avec simplicité les admirables tendances de notre ami. Faire autre chose que rappeler son nom et lui envoyer un souvenir fraternel nous paraît inutile.

Un mot cependant pour protester contre de récentes attaques.

Le système du Luxembourg tourne à l'absolutisme. Louis Blanc voulait la dictature! Voilà ce qui vient d'être énoncé par un socialiste. Nous renvoyons à une lecture faite de bonne foi du *Catéchisme socialiste*, par *Louis Blanc*. On verra s'il comprend et s'il aime la liberté aussi bien que l'égalité et la fraternité.

MANUEL

DES

ASSOCIATIONS OUVRIÈRES

Il y a lieu de former une association entre ouvriers d'un même corps d'état, quand le travail peut faire vivre plusieurs ouvriers et que ces ouvriers ont réuni la mise de fonds nécessaire pour commencer des travaux.

Ainsi pourra-t-il y avoir assez de travail pour faire vivre les ouvriers de l'association? Les fonds nécessaires au roulement du travail ne manqueront-ils point?

Voilà les premières conditions à examiner par des travailleurs qui veulent se réunir pour fonder une association.

C'est pour n'avoir pas examiné ces choses avec assez de soin que des tentatives ont échoué déjà, et il importe pour l'avenir que de pareilles fautes ne soient pas commises.

Comment! une association existe dans une rue; elle fait des bénéfices modestes, et dans la même rue, pour ainsi dire vis-à-vis, une association se forme!

Il n'y a pas en français de mots assez énergiques

pour flétrir une pareille conduite, et l'on pourrait penser que les seuls ennemis de l'association poussent à de semblables faits.

Que l'on ne s'étonne point de la chaleur qui pourra se rencontrer dans ce Manuel.

L'association, c'est l'idéal de l'organisation sociale, l'association entre ouvriers est le commencement de la réalisation de l'association universelle. Si donc des fautes graves sont commises à l'origine, ces fautes viendront fournir aux ennemis du progrès des arguments contre l'établissement de la véritable fraternité.

A notre point de vue donc, quiconque, par son fait volontaire, met une association ouvrière dans une position mauvaise, celui-là est pis qu'un voleur, car il retarde l'avénement d'un système social qui réalisera le principe éternel de la fraternité.

Est-ce à dire que nous voulions immédiatement réaliser cette formule dans nos associations ouvrières.

Il y a deux réponses à faire à cette demande.

Si des travailleurs qui se connaissent de longue date, dont les mœurs se rapprochent de la perfection humaine, c'est-à-dire qui n'ont aucun besoin factice, point d'habitudes mauvaises, qui sentent leur dignité et qui savent que les besoins moraux, intellectuels ont leur part aussi bien et plus peut-être que les besoins physiques dans la vie de l'homme, si des ouvriers de cette nature se connaissent, qu'ils se réunissent, qu'ils forment une association, et que là ils appliquent cette loi de l'avenir, que chacun mette au service de l'association toutes ses forces et toutes ses facultés ; une association pareille, réalisée à Paris, je suppose, aura fait autant pour l'humanité que l'inventeur de l'imprimerie ou de la vapeur, car l'exemple est contagieux, et la France serait bientôt couverte d'associations semblables.

O vous tous qui avez montré des vertus admirables dans vos efforts pour fonder certaines associations qui prospèrent, ne vous découragez point si vous n'arrivez pas immédiatement au but que vous vous proposiez. Vous avez défriché le champ de l'avenir, d'autres viendront perfectionner votre œuvre, et vos travaux ont déjà payé une partie de votre dette envers les générations qui vous ont précédé dans la carrière.

Qu'une association qui n'emploie que d'honorables moyens se soutienne sans faire de déloyale concurrence à une association du même corps d'état, que les associés vivent du produit de leur travail sans faire de bénéfices et sans provoquer le blâme mérité d'aucun vrai républicain, et cette association rend un grand service à la démocratie.

Il dépendra des travailleurs de s'approcher de plus en plus d'une association modèle, et c'est pour guider vers cet idéal que ce Manuel est publié.

Nous devons dire encore que notre conviction profonde est que l'État seul peut apporter les éléments de complète réussite des associations ouvrières, car lui seul peut établir entre elles une vaste solidarité et empêcher des concurrences désastreuses, par l'éducation assurer la moralité des associés, par les maisons de retraite pour la vieillesse empêcher chez les faibles cet amour désordonné de l'argent qui conduit à l'avarice, à la fausseté, à la dégradation de l'homme, par une prévoyante répartition du travail détruire l'horrible plaie de la prostitution, car que peuvent faire de pauvres femmes qui gagnent huit sous par jour quand elles les gagnent. Ah! que ceux qui se sentent le courage, dans ce siècle, de dire : *Que ces femmes meurent plutôt que de se déshonorer*, que ces hommes consentent à confesser leur existence, et nous acceptons leur superbe stoïcisme, pour les autres.

Oui, l'état seul peut, en protégeant les associations, détruire la concurrence, et par là, sans altérer l'émulation, détruire la misère et la prostitution.

Est-ce l'état comme il existait dans les vieilles monarchies? non pas sans doute, mais l'Etat dans une république démocratique, avec la vérité dans son ternaire magnifique : Liberté, égalité, fraternité.

Jusque là, et ce temps n'est pas éloigné, que chacun prépare dans les associations les hommes et les choses.

Ne nous rappelons-nous pas que, deux fois dans soixante ans, la France a pu fonder la véritable fraternité et qu'à chaque fois les hommes ont manqué aux événements.

Ainsi, préparons-nous de toutes nos forces à présenter pour la France un ensemble d'associations ouvrières assez bien constituées pour que le jour venu où une Assemblée nationale entrera dans la voie de l'avenir, elle trouve des modèles à proposer à ceux qui seraient en retard et qu'il ne soit plus nécessaire que d'établir enfin l'association universelle, c'est-à-dire la grande famille nationale, en attendant qu'on puisse le faire pour la famille de l'humanité.

Dans ce qui va suivre, on ne doit voir que les développements qui résultent de la constitution de notre république et des conséquences de notre état de civilisation, en un mot des choses réalisables actuellement, en s'appuyant sur les lois et la moralité publique.

Un examen attentif des devoirs en association montrera comment l'éducation des hommes se formera nécessairement par là.

Ce qui peut assurer la prospérité d'une association entre ouvriers, c'est l'harmonie entre le principe d'égalité et le principe d'autorité.

Retirez l'un de ces termes, et vous n'avez qu'anarchie ou exploitation.

Si le principe d'égalité domine seul, chacun veut faire à sa fantaisie, la défiance vient se placer entre les associés, et bientôt les bénéfices ne pouvant s'obtenir à cause des tiraillements qui résultent, il y aura dissolution, et dissolution scandaleuse, de l'association.

Si le principe d'autorité existe seulement, il pourra dans l'origine être fait des bénéfices, dans l'association, parce que le gérant étant, on le suppose, capable, il y aura unité dans les efforts, point de double emploi, des économies de temps et de matières; mais un sentiment bien naturel de dignité et d'indépendance ne tarde pas à s'implanter parmi les travailleurs, les mots d'exploitation et de tyrannie seront prononcés, et la fin de l'association arrivera à la suite de discussions et de querelles désolantes pour la démocratie, car la réaction est à l'affût des mauvaises nouvelles du monde nouveau, et une chute dans nos rangs est grossie par elle de manière à prendre les proportions d'un bouleversement général.

Il faut bien le reconnaître, les gouvernements de la France n'ayant rien fait pour l'éducation des ouvriers, il existe entre eux souvent de grandes inégalités dans ce qui ne tient pas au métier.

Ainsi, tandis que beaucoup sont complétement étrangers aux habitudes d'administration, de comptabilité, de calcul, et, il faut le dire, aussi malheureusement ignorants dans les premières notions de lecture et d'écriture, d'autres ont le bonheur d'acquérir des connaissances utiles comme administration et tenue des livres.

C'est là une inégalité fâcheuse et qu'il est nécessaire de faire cesser le plus promptement possible.

Pour cela, il est indispensable que l'association fasse les frais d'un enseignement de chaque jour en faveur des associés qui sont en retard de connaissances en écriture, en calcul ou tenue des livres. Cela est de la dernière urgence, et voici pourquoi.

La calomnie est l'arme des misérables et de ceux qui voient tous les jours leur échapper les derniers éléments de leur exploitation, l'un des moyens les plus habituels employés alors est d'inspirer l'idée qu'on est trompé, volé par ceux qui tiennent les livres ou qui administrent. A cela, quoi qu'on fasse, il n'y pas d'autre remède que d'initier les défiants à la complète connaissance des affaires de la maison, et cette connaissance n'existe que lorsque les livres ont été compris dans tous leurs détails.

Une expérience de plus d'une année fait de cette observation un des principes essentiels de la bonne constitution des associations ouvrières.

Que l'ignorance cesse au plus tôt parmi les associés, qu'ils aient tous des notions, sinon complètes, au moins suffisantes, de la tenue des livres, afin de pouvoir se rendre compte, par eux-mêmes, de la situation journalière de leurs intérêts.

Il y a plus même, il serait extrêmement utile qu'il y eût un conseil de tenue des écritures, et qu'à tour de rôle tous les associés fissent partie de ce conseil.

Le jour de l'affranchissement définitif du travailleur sera bien proche quand il saura se rendre compte de toutes les manœuvres du commerce honnête et modéré, et quand, pouvant discuter ses intérêts, il pourra prouver aux exploiteurs par francs et centimes qu'il connaît l'origine de ces fortunes scandaleuses obtenues par l'usure, la corruption, les pots-de-vin ou le mensonge, qu'il connaît les manœuvres employées, qu'il les méprise et qu'il veut substituer aux principes qui dominent la loyauté, le travail persévérant et l'horreur de l'exploitation du travail de tout frère.

Voyons donc le moyen pratique à employer pour arriver à un bon résultat.

Les leçons peuvent être données par le teneur de livres qui est employé à l'origine; il doit mettre successivement chaque associé au courant de sa méthode, et donner, par complément, en écriture et en calcul, les indications nécessaires.

Une heure chaque jour employée de cette manière sera la plus profitable institution de l'association.

Un cours normal, pour former des instituteurs des associations, sera certainement créé très prochainement, et, en attendant, les représentants démocrates ne manqueront pas de pouvoir indiquer des citoyens en qui on puisse avoir confiance comme honnêteté, comme instruction, comme dévouement à la cause du progrès.

Quelle que soit, en définitive, la cause d'une dissolution imminente d'une association, il est du devoir du gérant d'arrêter le plus rapidement possible toutes les affaires, afin que les intérêts engagés ne puissent porter d'accusation sur la moralité, sur la loyauté et la capacité des sociétaires.

C'est un devoir des plus rigoureux alors d'appeler en consultation et en aide, si cela est possible, des associations du même corps d'état et d'autres, et, alors, après leur avoir exposé la situation, de procéder, suivant leurs conseils, ou à une liquidation définitive ou à une reconstitution de la société.

Avec des associés bien choisis, se connaissant depuis longtemps, le principe d'autorité et le principe de liberté sont facilement conciliables.

Le gérant a certainement moins de fatigue physique, mais plus de responsabilité, de fatigue morale que les autres membres de l'association. Quelle jalousie pourrait donc exister dans un esprit bien fait, et d'ailleurs, chacun ne pourra-t-il pas à son tour, ou bien être gérant d'une succursale, en cas de prospérité, ou même gérant de la maison principale si ses frères l'en jugent digne?

Le gérant d'une association ne doit avoir d'avantages que ceux qui sont indispensables pour les frais extraordinaires. — Existerait-il parmi nous des gens assez aristocrates pour trouver une jouissance dans le commandement, dans l'espèce de supériorité de celui qui fait exécuter à celui qui exécute? S'il est parmi nous de semblables caractères, alors nous sommes loin des qualités républicaines.

Oui, celui-là seul est républicain, qui a dans son cœur ce principe *que celui-là doit le plus qui peut le plus*. Une vertu est aussi bien nécessaire, c'est la tolérance ; nous devons nous rappeler que nous sortons à peine d'un régime d'exploitation, et que, bien peu d'entre nous possèdent toutes les vertus républicaines. Aussi soyons tolérants les uns vis-à-vis des autres, à l'exception de ce qui détruirait infailliblement nos associations, savoir : l'indélicatesse, la paresse et la calomnie.

Ce n'est pas en se plaignant les uns des autres qu'on améliore sa position.

Que si des dissentiments arrivent jusqu'à des querelles ou des voies de fait dans l'atelier, nous dirons que cela nous paraît inconcevable et qu'il faut avoir perdu le sens républicain pour en arriver là.

La patience est donc indispensable, et c'est à un conseil de famille qu'il faut s'en rapporter dans le cas de discussions.

Rien de ce qui ressemble à un tribunal ne doit exister dans un conseil de famille ; cependant tout doit se passer avec dignité et convenance.

Si le conseil juge, à cause de la gravité des débats, qu'un des appelés doit, ou changer d'habitude ou quitter l'association, cela doit se faire avec une fraternelle patience et le scandale doit être évité aussi complétement que possible.

Il faut donc l'unité de pouvoir dans l'association; cette unité existe dans l'universalité des associés;

mais il y a division dans les fonctions, et chaque fonctionnaire principal a délégation des pouvoirs complets. Dans la spécialité il représente l'association.

L'obéissance lui est due, comme si dans l'ancien système un patron commandait, car n'oublions pas que nous avons à lutter avec l'industrie ordinaire, et que toute perte de forces ou de temps se traduit en pertes qui donnent tout l'avantage aux industries rivales. Nous sommes dans une époque de transition, et ceux-là sont peut-être les plus grands ennemis du progrès, sans s'en douter assurément, qui veulent la réalisation immédiate de l'idéal des rapports entre les hommes.

La bonne foi la plus entière doit exister. Le mensonge, la duplicité, la calomnie sont des vices d'esclaves, l'homme libre et digne se respecte. Si donc avant l'admission d'un nouveau membre quelques indications arrivaient sur sa pureté ou sa moralité, il faudrait l'éclaircir aussitôt, et le refus d'admission devrait suivre des informations défavorables.

Personne n'a droit d'intervenir dans la conscience d'un citoyen; on doit respecter scrupuleusement le caractère sombre ou gai, égal ou fantasque de son voisin, pourvu qu'on n'ait pas à en souffrir. N'oublions pas que nous sortons à peine d'un régime de luttes acharnées, où l'on récoltait souvent les chagrins, les humiliations, le désespoir, et ne forçons ni la confiance, ni les affections de ceux qui vivent avec nous. Il n'y a pire esclavage que celui où l'on est forcé de changer sa nature.

Voici pour les mœurs, chose importante au-delà de ce qu'on peut imaginer.

Voyons pour la tenue matérielle de l'association.

L'acte de société doit être discuté en assemblée générale, librement consenti par les deux tiers des membres présents dans les détails secondaires, mais à l'unanimité pour les bases fondamentales; quiconque n'accepte pas en définitive la totalité de l'acte doit se retirer.

L'assemblée doit avoir un directeur des débats, un secrétaire, nommés séance tenante ou désignés dans la séance précédente. Ces nominations faites, la plus scrupuleuse dignité doit être observée. Rappelons-nous que rien n'est précieux comme le temps pour des démocrates, et que ce temps est notre seule fortune et l'avenir de la république.

Quelles sont les bases.

Il y a différentes catégories; certaines maisons n'ont pas besoin de gérance; d'autres exigent un seul gérant avec un comité consultatif de gérance.

Expliquons-nous. Le gérant a ou n'a pas la confiance de ces associés.

S'il mérite cette confiance il doit avoir liberté dans la direction des intérêts sociaux; seulement, il doit avoir la faculté, dans des questions graves, de consulter plusieurs délégués sociaux qui forment le conseil de gérance. Ce comité est appelé à éclairer le gérant, à le seconder, sous sa responsabilité, dans des détails de la direction.

Si dans une association qui, ayant besoin d'être représentée vis-à-vis du public, par un gérant, il ne se rencontre point un citoyen qui inspire une confiance complète aux associés, l'association n'a pas d'existence possible.

Mais, il faut le dire, un gérant méritera d'autant plus la confiance de ses camarades qu'il ira au-devant de toutes les informations à donner, qu'il ne blessera point certaines susceptibilités, qu'il saura attendre que l'esprit de ses camarades se soit habitué à pratiquer les devoirs de tout associé en même temps qu'il aura la conscience de ses droits.

Si une maison est petite, s'il y a seulement une dizaine de travailleurs, il peut souvent arriver qu'un gérant ne soit pas nécessaire.

Alors on divise les fonctions, et à tour de rôle chacun, à moins qu'il ne refuse avec l'assentiment de ses camarades, est à la caisse, aux achats, à telle ou telle fabrication.

Mais le plus souvent un gérant est nécessaire. Ce gérant est nommé pour un an et peut-être indéfiniment réélu.

Il y a un conseil de surveillance chargé d'assembler les associés en séance extraordinaire, et auquel les livres, les opérations doivent être soumis au moins une fois tous les huit jours.

Tous les mois une réunion des associés est de rigueur. Le directeur des débats est nommé dans la séance pour la fois prochaine, ainsi que le secrétaire; dans certains cas et à la volonté, régulièrement consultée, des deux tiers des membres présents, un nouveau directeur est nommé séance tenante.

On fait un rapport sommaire, sans apprêt, sans pompe, de la situation de la société; ces réunions peuvent être un motif de fête de famille.

La caisse doit être tenue séparément de la gérance; le caissier peut être un travailleur prenant le nombre d'heures nécessaire chaque jour pour faire les écritures spéciales.

La caisse, d'ailleurs, ne doit contenir en espèces que les sommes rigoureusement nécessaires pour le roulement journalier. Le reste des fonds disponibles doit être ou déposé au Comptoir d'Escompte, ou employé en achats qui aident d'autres associations, ou employé à payer d'avance le loyer, ou enfin en répartition et à la caisse des malades, de la vieillesse, d'éducation des enfants, ou enfin à la caisse de solidarité.

L'association doit s'interdire également ou d'emprunter avec intérêt à une association ou de prêter ses fonds avec intérêt.

Le règlement d'intérieur d'une association doit être précédé de considérations générales sur les devoirs des sociétaires vis-à-vis de la société et de la société vis-à-vis des associés.

Nous l'avons dit déjà, chaque sociétaire doit employer ses facultés et ses forces au service de l'association en général ; mais, de plus, chacun doit voir un frère dans son compagnon de travail et substituer à l'ancien principe d'égoïsme le principe fécond du dévouement.

En association, tout ouvrier qui s'instruit dans son état, qui se moralise sans prendre un instant sur son travail manuel, enrichit par cela même la société.

Par cela même aussi, en instruisant, s'il se peut, ses camarades, il rend un plus grand service encore à son association. On sait ce que valent d'économie les travaux bien raisonnés, conduits par le calcul et la méditation.

Dans la maçonnerie, la charpente, la mécanique, le calcul, le trait, la chimie ne pourraient être poussés trop loin.

L'association doit, à son tour, protection à chacun des sociétaires. Elle doit lui assurer des secours pendant la maladie, médecin, médicaments, loyer, en un mot la société adopte les sociétaires malades, et, dans les limites de ses forces, elle assure le pain de chaque jour à la famille de ceux qui meurent pendant la durée de l'association.

Le règlement ne doit point être minutieux, ni renfermer de pénalité; n'oublions pas, nous, que la famille est notre type et que les mœurs adoucies par le continuel exercice de l'intelligence et de la satisfaction que procure une existence assurée, on verra se réaliser la pratique de cette admirable réflexion d'un philosophe :

Les lois ne sont pas faites pour les hommes d'honneur et de probité.

La conscience consultée fera plus que la crainte d'une pénalité ou d'une amende. L'assentiment de son prochain remplacera les encouragements pécuniaires.

Au reste, n'est-il pas vrai que la situation n'est pas tenable pour un ouvrier au sein d'un atelier où sa présence n'inspire pas l'estime, mais la répulsion? Dans ce cas, la tenue froide de ses camarades sera certainement pour lui un avertissement suffisant.

Il faudrait d'ailleurs des développements considérables pour examiner tous les cas qui peuvent se présenter. Nous nous en référons à l'assemblée générale des associés pour faire ces règlements d'intérieur.

Ce règlement doit aussi porter essentiellement sur l'économie de la matière, sur la bonne confection, sur tous les moyens, en un mot, de pouvoir fournir au public meilleur et à meilleur marché.

Nous regrettons de ne pouvoir citer publiquement, comme modèles, plusieurs associations de Paris admirables sous ce rapport. L'une d'elles a commencé avec des cotisations d'un franc dans la corporation. Les associés qui ont pris la direction du premier atelier ont passé plusieurs mois dans des travaux continus de préparation, de recherche de clientèle. L'économie dans leurs dépenses allait jusqu'à prendre moins de 60 centimes par jour. Cette association prospère, et nous nous réservons plus tard d'inscrire les noms des fondateurs au panthéon du monde nouveau.

Oui, ce dévouement de chaque instant, cette patience, cette tenue, cette sobriété, toutes ces vertus qui n'ont pas pour objet un égoïsme sordide, mais l'intérêt d'une association où l'on veut faire jouir le plus grand nombre du fruit de son persévérant travail, ces vertus sont au-dessus de tous les titres de gloire, et ceux qui s'en rendent dignes méritent bien de l'humanité.

Pour le temps actuel, nous croyons fermement que le système des aides ou extras, dans certains corps d'état, sont indispensables malheureusement pour pouvoir lutter sans avoir des frais généraux exorbitants.

Sans doute, dans un état normal, ce serait de l'exploitation; en ce moment, faire autrement, c'est vouloir l'impossibilité de réussite.

Le règlement doit aussi mentionner une caisse de retraite pour les vieillards.

Les rapports des associations entre elles doivent être fraternels assurément. Il faut faire cependant une observation à ce sujet.

Il y a des associations fausses, formées par deux ou trois hommes, exploitant des travailleurs; avec ces maisons, on doit être fort circonspect, cela se comprend.

Il faut aussi être très circonspect avec les associations qui se sont formées à la légère et qui ne présentent pas une organisation suffisamment solide.

C'est ainsi que du crédit étant fait à une maison qui tombe, cette déconfiture peut en entraîner d'autres et faire éprouver des pertes considérables à un ensemble de maisons.

Ainsi, il faut agir et fraternellement et avec circonspection, ce qui est nécessaire dans la transition de l'ancien monde au monde nouveau.

Une caisse de solidarité entre les associations sera la meilleure sauvegarde de tous ces accidents. Cette caisse ne sera plus tard autre que le système d'assurances par l'*État* contre tous les sinistres; jusque là, on doit s'efforcer le plus prochainement possible de créer cette *compagnie d'assurance des associations.*

Mais nous ne craignons pas de dire aujourd'hui que cette création ne peut se faire d'une manière utile que sur ces bases.

Les frais seront les plus faibles possibles; les fonds seront placés, à Paris, au Comptoir national d'Escompte.

La caisse de solidarité ne pourra commencer qu'après que son capital sera porté à autant de fois 500 francs qu'il y a d'associations engagées. Pour être employé dans la caisse de solidarité, il faudra avoir passé deux ans au moins dans une même association et avoir l'estime constatée par certificat de cette association.

Une association qui émettrait des bons de consommation avant l'autorisation de la caisse de solidarité perdrait tout le bénéfice de son assurance.

Sans ces précautions, il serait extrêmement facile aux ennemis de l'association, en général, de faire crouler tout notre ouvrage en moins de quelques mois.

D'ailleurs, quand le moment sera venu où les statuts de cette caisse de solidarité seront nécessaires et pourront s'accorder avec la législation actuelle, modifiée sur les sociétés commerciales ou civiles, nous nous engageons à fournir ces statuts.

En général, nous engageons les associations à traiter entre elles au comptant.

On connaît nos opinions en matière d'échange, de gratuité de crédit; par conséquent, on ne pourra voir dans cette dernière recommandation qu'un excès de prudence indispensable.

Nous résumons la plus grande partie de notre travail par le modèle suivant d'acte de Société.

Modèle d'acte de Société, dont les bases fondamentales ont été arrêtées par la Commission des délégués du Luxembourg.

Entre les soussignés ...

Il a été convenu ce qui suit :

Les soussignés forment entre eux et ceux qui adhèrent au présent acte une Société.

TITRE Ier. — FORMATION DE LA SOCIÉTÉ.

Art. 1er. Forme. — La Société sera en nom collectif.

Art. 2. Siége. — Son siége sera à ...

Art. 3. Durée. — Sa durée sera de ...

Art. 4. Nom. — Elle sera désignée sous le nom de ...

Art. 5. — Son but sera ...

TITRE II. — CAPITAL DE FONDATION.

Art. 6. Le capital de fondation est fixé à ...

Ce capital sera fourni par parties égales par chaque sociétaire, soit en numéraire ou en instruments de travail, lesquels seront estimés contradictoirement.

Pour faciliter l'entrée dans l'association aux travailleurs qui ne pourraient pas parfaire leur apport social, ils s'engageront à subir une retenue de ... pour cent sur leur levée ou salaire quotidien, et à l'abandon de leur part de bénéfice jusqu'à concurrence dudit apport.

TITRE III. — ACTIONS.

Art. 7. Les actionnaires de la Société seront des travailleurs qu'elle prendra dans la corporation.

Art. 8. Le capital sera représenté par des actions nominatives, lesquelles ne seront transmissibles que du consentement de la Société, par l'organe du Conseil de gérance.

TITRE IV. — ORGANISATION DE LA SOCIÉTÉ. CAPITAL SOCIAL.

Art. 9. Le fonds social s'accroîtra par l'abandon que chaque sociétaire s'engagera à faire d'une partie de ses bénéfices, comme il sera dit au chapitre de la répartition.

Art. 10. Le fonds de roulement sera déposé soit au Comptoir national d'Escompte, soit au Trésor.

TITRE V. — PERSONNEL.

Art. 11. La simple adhésion aux statuts de la Société ne suffira pas pour en faire partie; en conséquence, le Conseil de gérance, après avoir pris l'avis du Conseil de famille, admettra provisoirement les adhérents qui se présenteront; mais ils ne seront définitivement reçus qu'en assemblée générale, à la majorité des deux tiers des voix; toutefois, en qualité de simples adhérents, ils prendront part aux bénéfices s'ils ont travaillé au moins trois mois pour le compte de ladite Société.

Art. 12. Tout sociétaire pourra également être exclu de la Société, quel que soit le temps qu'il y aura fonctionné; son exclusion lui sera signifiée par le Conseil de gérance, après condamnation par le Conseil de famille. Néanmoins, le sociétaire conservera son droit d'appel en assemblée générale.

TITRE VI. — GÉRANCE.

Art. 13. Il sera nommé par les sociétaires, à la pluralité des suffrages, un Conseil de gérance.

Art. 14. Ce Conseil sera composé de trois membres ; chaque membre sera chargé d'une branche spéciale d'administration ;

Les achats et les ventes ;

La direction du travail ;

Le contentieux.

Art. 15. Ils auront tous la signature sociale.

Art. 16. Chaque membre dudit Conseil sera révocable à volonté par les sociétaires ; néanmoins, ils seront nommés pour ... années, et indéfiniment rééligibles. Ils feront tous actes d'administration permis par la loi et ne devront compte de leur gestion qu'au Conseil de surveillance, lequel pourra, quand il le voudra, réunir les associés en assemblée générale.

TITRE VII. — CONSEIL DE SURVEILLANCE.

Art. 17. Le Conseil de surveillance sera pris parmi les sociétaires, et formé d'un nombre impair de membres. Ses fonctions seront la surveillance du Conseil de gérance ; il ne pourra faire aucun acte de gérance, mais son devoir sera de les contrôler tous.

TITRE VIII. — CONSEIL DE FAMILLE.

Art. 18. Le Conseil de famille sera pris parmi les sociétaires et formé d'un nombre impair de membres. Ses fonctions consisteront à faire exécuter le règlement intérieur.

TITRE IX. — ASSEMBLÉES GÉNÉRALES.

Art. 19. Tous les ... il y aura réunion générale des sociétaires, pour traiter les questions relatives à la Société; mais ladite assemblée ne pourra en aucun cas faire acte de gérance.

Art. 20. En dehors des assemblées générales, il pourra y avoir des réunions ayant les mêmes droits, toutes les fois que la majorité du Conseil de surveillance se sera entendue pour une convocation.

La minorité des membres des différents conseils n'a pas ce droit; mais en cas de démission d'un ou plusieurs de ses membres, la Société devra immédiatement se réunir pour procéder à son ou à leur remplacement.

Art. 21. Toute convocation faite par la minorité des membres sera nulle de plein droit.

Art. 22. Toutes les fois que le Conseil de gérance le désirera, il convoquera les associés en assemblée générale, et tous les sociétaires seront tenus de s'y rendre.

Art. 23. A chaque assemblée ou réunion, les sociétaires nommeront, à la pluralité des voix, un directeur des débats, un secrétaire et deux scrutateurs; un procès-verbal sera dressé et lu à la fin de chaque séance, et soumis à l'acceptation de l'assemblée.

TITRE X. — COMPTABILITÉ.

Art. 24. Il y aura un comptable, un teneur de livres, un caissier (si le personnel est considérable, autrement un seul pourra suffire à ces trois fonctions).

TITRE XI. — DIRECTEURS.

Art. 25. Par chaque grande division de travail général exécuté par la Société, il y aura un directeur, chargé spécialement de la distribution et de la direction des travaux particuliers à chaque division. Ces directeurs seront nommés par leur division respective, et leur nomination devra être approuvée par le Conseil de gérance. (Cet article ne peut convenir qu'à une vaste association.)

TITRE XII. — PRÉLÈVEMENTS OU SALAIRES.

Art. 26. Il sera alloué à chaque sociétaire un prélèvement ou salaire. Cette levée sera égale pour tous.

TITRE XIII. — CAISSE D'ASSISTANCE FRATERNELLE.

Art. 27. Il sera formé une Caisse d'assistance fraternelle dans la corporation, à moins qu'il n'en existe déjà ; tous les sociétaires y verseront leur cotisation de la manière indiquée à l'art. 37 de la répartition.

TITRE XIV. — CAISSE DE MUTUALITÉ OU DE SOLIDARITÉ.

Art. 28. La Société adhère aux statuts de la Caisse

de mutualité ou de solidarité, comme il sera dit aux art. 34 et 35 de la répartition.

TITRE XV. — DROITS ET DEVOIRS DES ASSOCIÉS.

Art. 29. Les devoirs généraux se renferment dans ce seul engagement que chaque sociétaire prendra, par le fait de son entrée, de mettre à la disposition de la Société toutes ses forces et facultés.

Art. 30. Les devoirs spéciaux seront relatés au règlement.

Art. 31. Tout sociétaire exclu ne pourra réclamer à sa sortie que le montant de ses prélèvements ou salaires ; quant à ce qui lui revient dans les bénéfices, il sera tenu d'attendre jusqu'à la répartition; mais, dans aucun cas, il ne pourra exercer de droits contre le fonds social pour la part dont il est propriétaire, ledit fonds étant indivis jusqu'à l'expiration de la Société. A ce moment seulement, il sera admis à faire valoir ses droits, lesquels seront proportionnels au temps qu'il aura passé dans l'association, tel qu'il sera constaté sur son action. — Il en sera de même en cas de retrait volontaire de sa part.

TITRE XVI. — INVENTAIRES.

Art. 32. — Les inventaires auront lieu tous les . .

Art. 33. Ne feront point partie des bénéfices nets les créances non recouvrées.

TITRE XVII. — RÉPARTITION.

Art. 34. Il sera fait un total des salaires fournis

aux associés, soit en argent, soit en nature, après estimation des derniers. Ce chiffre sera ajouté aux bénéfices nets constatés par l'inventaire, et conformément aux statuts de la Caisse mutuelle ou de solidarité, il sera prélevé ... pour cent sur le tout, pour être versé à ladite caisse.

Art. 35. Dans le cas où l'inventaire constaterait de la perte au lieu de bénéfice, la Société fera appel à la Caisse mutuelle, conformément aux statuts de ladite. Le reste des bénéfices nets sera divisé comme suit :

Art. 36. ... pour cent pour l'augmentation du fonds social ;

Art. 37. ... pour cent pour la Caisse d'assistance fraternelle.

Art. 38. Après les prélèvements qui auront eu lieu d'après les art. 36 et 37, on distribuera égalitairement, entre tous les travailleurs, le surplus des bénéfices nets, au prorata du temps passé.

TITRE XVIII. — FIN, CONTINUATION OU TRANSFORMATION DE LA SOCIÉTÉ.

TITRE XIX. — CONTINUATION.

Art. 39. La Société se continuera par la simple publication, à nouveau, de son acte constitutif, en se conformant aux prescriptions de la loi.

Dans le cas où une fraction seulement de la Société désirerait sa continuation, le tiers de l'actif serait versé à la Caisse d'assistance fraternelle, et le reste formerait le fonds social de la nouvelle Société.

TITRE XX. — TRANSFORMATION.

Art. 40. La Société se transformera par des changements dans ses statuts qui devront être approuvés en assemblée générale, et donneront lieu aux publications et formalités exigées par la loi.

TITRE XXI. — DISSOLUTION.

Art. 41. Dans le cas de dissolution de la Sociéte, il sera procédé à sa liquidation par le Conseil de gérance, à moins que l'assemblée générale n'en ordonne autrement.

Art. 42. Dans le cas de retrait du gérant, il n'y aura pas lieu à procéder à la liquidation de la Société ; mais le nouveau Conseil sera tenu de lui remettre son quitus.

Art. 43. L'emploi de l'actif servira au développement des associations ouvrières, d'après le mode indiqué par ladite assemblée.

ARTICLE SUPPLÉMENTAIRE.

Art. 44. Les héritiers ou ayants cause des actionnaires ne pourront pas interrompre la marche de la Société ; ils seront soumis aux conséquences de l'art. 31 dudit acte.

Ont signé les membres de la Commission des Délégués du Luxembourg.

Conseils sur la tenue des Livres.

Les livres doivent être tenus avec une simplicité

très grande, ce qui n'exclut pas l'exactitude la plus complète.

En résumé, il y a achat et vente; tout peut se résumer ainsi : Le loyer est achat aussi bien que le salaire des travailleurs.

Chaque associé doit avoir un compte ouvert, et ce compte doit être balancé après chaque inventaire; s'il lui convient de laisser à l'association, à titre de prêt gratuit, une partie de ce qu'il pourrait exiger, il faut qu'il prévienne combien de temps au moins il peut faire cet abandon, et note en est prise.

Un compte doit être ouvert à la Caisse d'assistance fraternelle.

D'ailleurs, dans chaque corps d'état, les besoins d'une comptabilité plus ou moins compliquée varient, et c'est au teneur de livres de consulter les intérêts de l'association.

Peu d'écritures, mais claires, sans complication.

BIBLIOTHÈQUE NATIONALE R.F. IMPRIMÉS

CHEZ LE MÊME ÉDITEUR.

Ouvrage terminé :

HISTOIRE DE LA CLASSE OUVRIÈRE

DEPUIS

L'ESCLAVE JUSQU'AU PROLÉTAIRE DE NOS JOURS

PRÉCÉDÉE D'UNE DÉDICACE AUX TRAVAILLEURS

Par ROBERT (du Var)

Ex-rédacteur en chef de la *Démocratie*, auteur des *Éléments de philosophie sociale.*

4 vol. grand in-8, illustrés de 20 gravures sur acier. Prix : 28 fr.

L'ouvrage se publie également en 112 livraisons à 25 c.

Sous presse pour paraître incessamment :

FABLES

Par PIERRE LACHAMBAUDIE.

Illustrées de nombreuses gravures sur acier, par nos meilleurs artistes.

A 25 centimes la livraison.

Imprimerie de Gustave Gratiot, 11, rue de la Monnaie.

www.ingramcontent.com/pod-product-compliance
Ingram Content Group UK Ltd.
Pitfield, Milton Keynes, MK11 3LW, UK
UKHW020457230726
13925UKWH00005B/1993